I0417500

ELFRIEDE HIRSCHFELD, PATIENTE DE FREUD

René FIORI

ELFRIEDE HIRSCHFELD, PATIENTE DE FREUD

L'intégralité de nos recherches sur cette patiente que Freud a reçue de 1908 à 1914, est parue dans notre ouvrage Elfriede H., *La femme aux épingles- Rencontre avec un cas de Freud- De la névrose obsessionnelle à la mélancolie* [1], livre lui-même qui a été précédé d'un article « La sixième analyse de Freud » [2].

Force est de constater, grâce aux écrits de Freud, que ce cas de mélancolie offre un prisme extrêmement riche de cette position subjective. Pour ce qui concerne, d'autre part, l'incidence thérapeutique de la cure analytique entreprise par Freud, celle-ci ne pouvait être, à la lueur de cet éclairage, que relativement modérée quand aux symptômes. L'approche de Freud, quant à avoir choisi l'angle de la névrose obsessionnelle, n'a pas eu selon nous d'impact négatif sur cette incidence, bien au contraire. Elfriede Hirchfeld a eu là l'occasion, comme jamais elle ne lui fut donnée, d'établir une historisation de sa vie. Cette historisation [3], a permis à la patiente de concéder qu'elle aussi pouvait avoir un « destin », autrement dit que quelque chose s'est écrit malgré elle et à son insu. « La dernière concession qu'elle aurait faite à Freud, lit-on dans le témoignage de son infirmière, c'est qu'elle n'aurait pas cherché la culpabilité en elle-même, mais du côté du destin »[4]. Le gain sur la culpabilité est donc sensible. Mais pas assez pour que les symptômes s'estompent, la structure en jeu ne le permettant pas. En effet comme le relève Jacques Lacan, « Le mélancolique ne vous dit pas qu'il a mauvaise mine, ou qu'il a une sale gueule, ou qu'il est tordu, mais qu'il est le dernier des derniers, qu'il entraîne des catastrophes pour toute sa parenté, etc. Dans ses auto-accusations, il est entièrement dans le domaine du symbolique »[5]. Ce fut bien là la position départ de Mme Hirschfeld lorsqu'elle choisit de s'adresser à Freud malgré la contre-indication du médecin de l'établissement qui alors l'accueillait.[6]

---

[1] Fiori R., *Elfriede H., La femme aux épingles- Rencontre avec un cas de Freud- De la névrose obsessionnelle à la mélancolie*, Saint Denis, 2015, Ed. Amazon.

[2] Fiori R. « La sixième analyse de Freud », *La cause freudienne N°69, A quoi sert un corps ?*, Paris, Navarin, 2008

[3] Lire pour ce concept Lacan J. « Fonction et champ de la parole et du langage », Paris, Seuil, 1955.

[4] Dossier médical consultable aux archives Binswanger, et copie déposée à Radio-a, traduction Johanna Martin et René Fiori, journée du 22 novembre 1922.

[5] Lacan J., *Le Séminaire, Livre VII, Le transfert*, Paris, Seuil, 1991, p.458 & 459. Rappelons les autres apport de Lacan sur la question de la mélancolie : *Le Séminaire, Livre V, Les formations de l'inconscient*, Paris, Seuil, 1998, p.300 ; *le séminaire Livre VII, L'éthique de la psychanalyse*, Paris, Seuil, 1988, pp.107 et 108; *le Séminaire Livre X, L'angoisse*, pp.130-387-388

[6] Freud S., Lettre à Jung du 8 novembre 1908, *Correspondance Freud-Jung (1906-1914)*, Paris, Gallimard, 1992

LE CAS DANS L'OEUVRE DE FREUD*

Contrairement aux présentations monographiques écrites par Sigmund Freud, comme le petit Hans, L'homme au loups, le Président Schreber, Dora ou L'homme aux rats, [1] où encore celles qui figurent dans Etudes sur l'hystérie [2] le cas d'Elfriede Hirschfeld, non seulement n'a pas bénéficié d'une telle étude, mais n'est pas même nommé dans l'œuvre du psychanalyste, dans les différents passages qui la concernent. Ce n'est qu'en 1994 que des recherches, menées dans le département des Archives Freud à la Bibliothèque de Washington, révèlent le nom de cette patiente. [3] C'est pourtant durant une période qui va de la fin octobre 1908 [4] jusqu'au mois de septembre 1914, soit 6 ans, que Freud recevra cette personne en entretien, et qui sera à l'origine de son hypothèse du stade dit sadique-anal. Hypothèse qu'il n'abandonnera jamais, mais que par ailleurs, Jacques Lacan, dans son enseignement qui se fit sous le sceau du retour à Freud, [5] délaissera. Pas plus qu'aujourd'hui elle n'est reprise par Jacques Alain Miller dans son Cours d'orientation lacanienne et ses nombreuses conférences [6]

Elfriede Hirschfeld sombre dans un délire d'indignité lorsque que son mari lui apprend qu'ils ne pourront pas avoir d'enfants, suite à un problème d'azoospermie qui a été détecté. S'ensuivront une dizaine années passées dans divers établissements psychiatriques jusqu'au moment où elle entend parler de la psychanalyse et de son inventeur. [7] Freud choisira de mener et de rendre compte de cette cure sous l'angle de la névrose obsessionnelle, à laquelle il va faire correspondre un stade sadique-anal, produit à partir de la régression depuis l'acquisition du stade génital. [8] A l'issue de six années de traitement, la guérison ne sera cependant pas au rendez-vous. Ce ne sera pas non plus le cas lorsque, orientée vers la clinique psychiatrique de Bellevue en Suisse, dirigée alors par Ludwig Binswanger, la patiente y séjournera à quatre reprises, [9] avant de se retirer dans un hôtel à Montreux en Suisse assistée de son infirmière où elle décédera en 1938. [10]

De tous les patients que Freud à reçus et dont, soit il n'a fait aucune mention dans ses textes, soit il a mentionné les cures dans les nommer, Elfriede Hirschfeld constitue un cas à part. D'abord parce qu'il fait partie des sept interventions de Freud lors des congrès internationaux. En effet le texte princeps du cas de Mme H, « La disposition à la névrose obsessionnelle » a été primordialement celui d'une conférence : « Zum problem der Neurosenwahl » [11] donnée au congrès de Munich en 1913. Il s'inscrit dans la série des sept seuls exposés – dont trois cas cliniques- prononcés par Freud, aux congrès internationaux de psychanalyse : à Salzbourg (1909) Remarques sur un cas de névrose obsessionnelle ; Nuremberg (1910), Perspectives l'avenir de la thérapeutique analytique ; Weimar(1911), Le cas du président Schreber ; Munich (1913), Le problème du choix dans la névrose ; Budapest (1918) Les voies nouvelles de la thérapeutique analytique ; La Haye (1920), Supplément à la théorie des rêves : Enfin Berlin (1922), Quelques remarques sur l'inconscient.

Ensuite parce que quantité de marqueurs de ce cas jalonnent son enseignement de 1909 à 1932. Des textes entiers lui sont consacrés : « La disposition à la névrose obsessionnelle », [12] Un rêve utilisé comme preuve, [13] « Sur les transpositions des pulsions et particulièrement dans l'érotisme anal », [14] ou des fragments importants : « Deux mensonges d'enfants » [15] « Psychanalyse et télépathie » [16] [17]«Quelques additifs à l'interprétation des rêves», [18]« Le rêve et l'occultisme» [19]Dans Totem et tabou où deux passages lui sont consacrés, Freud glisse une allusion à son nom (Hirschfeld signifie champ aux cerfs) en parlant d'une Mme Cerf et d'une rue aux cerfs [20]

Plus essentiellement, les textes et passages de l'œuvre laissent deviner l'importance du cas pour le travail de conceptualisation de Freud : la névrose obsessionnelle, le fantasme, la réaction thérapeutique négative, le surmoi, le stade sadique-anal, la pulsion de mort, l'identification. Enfin le cas d'Elfriede Hirschfeld apparaît dans les séances de la Société Psychanalytique de Vienne [21]comme il jalonne - toujours de manière anonyme-[22] la correspondance de Freud [23] Pour conclure, au-delà de l'abord par le concept de névrose obsessionnelle, celui de mélancolie [24]semble pouvoir se révéler comme étant fructueux à condition de prendre en considération le dossier médical qui consigne assez précisément la phénoménologie de la pathologie : rituel spectaculaire des lavages et épinglage des vêtements en rapport à la question de l'impureté, et incessantes idées noires relatives au suicide.

* Article paru sur wikipédia

1. ↑ Freud S., Cinq psychanalyses, Paris Puf, 1984
2. ↑ Freud S, Breuer J S.Freud, Etudes sur l'hystérie, , Paris Puf, 2002
3. ↑ Falzeder E, Psychoanalytic Quaterly N°63, 1994, et " Ma grande patiente, mon fléau principal. Un cas de Freud inconnu jusqu'à présent et ses répercussions", Revue Française de Psychanalyse N° 4, 1997
4. ↑ Sigmund Freud –CG Jung- correspondance 1906-1914- Paris, Gallimard, 1992, lettre du 8 Novembre 1908 de Freud à Jung. « Mme C- est effectivement arrivée chez moi il y a quinze jours, c'est un cas terriblement sérieux d'obsession, qui ne peut changer que très lentement. Le motif de sa préférence pour la personne est que Thomsen lui a justement déconseillé que ce soit moi"
5. ↑ Retour à Freud, wikipédia, https://fr.wikipedia.org/wiki/Retour_a_Freud
6. ↑ http://ecf.base-alexandrie.fr/ [archive] auteur : Jacques Alain Miller
7. ↑ Par le Dr Muthmann . Le Dr Muthmann est inscrit présent comme hôte à la séance de la Société Psychanalytique de Vienne du 10 février 1909 et voir lettre du Dr Muthmann à Binswanger (Nassau) du 3 mai 1905 copie Radio-a ®, www.radio-a.com/redaction1@radio-a.com
8. ↑ Freud S., Trois essais sur la sexualité, Paris, Folio essais, p.96; "Sur les transpositions de pulsions plus particulièrement dans l'érotisme anal", (1916), Névrose, psychose et perversion, Paris, Puf, 1981 ; Métapsychologie, Paris, Gallimard, 1986; "l'organisation sadique-anale", Introduction à la psychanalyse, Paris, Payot, 1967, p.323 Inhibition ».symptôme, angoisse, Paris, Puf, 1981, p.34
9. ↑ 1916 > 1er séjour - 1923 > second séjour- 1923 > troisième séjour-1924 > quatrième séjour et dernier séjour , voir Fiori R., ELFRIEDE H., La femme aux épingles, Rencontre avec un cas de Freud, De la névrose obsessionnelle à la mélancolie, Amazon,broché 2015 et Fiori R. « La sixième analyse de Freud », La Cause freudienne N°69, Paris, septembre 2008; (Dossier médical consultable aux Archives Binswanger à l'Université de Tübingen en Allemagne, et traduction par Johanna Martin, René Fiori-consultable par Radio-a ®, redaction1@radio-a.com
10. ↑ Lettre du 24 avril 1938 de Lina Block à Ludwig Binswanger , Archives Binswanger à l'Université de Tübingen en Allemagne, et traduction par Johanna Martin, René Fiori- consultable par Radio-a ®, redaction1@radio-a.com; Dancksagung du 8 avril 1938 paru dans la Neue Zürcher Zeitung du 9 avril
11. ↑ PROGRAMM, Private psychoanalytische Vereinigung in München 7 et 8 septembre 1913, ANNEXE 3in Fiori R, ELFRIEDE H., La femme aux épingles, Rencontre avec un cas de Freud, De la névrose obsessionnelle à la mélancolie, Amazon format broché , et format numérique kindle 2015
12. ↑ Freud S., Névrose, psychose et perversion, Paris, Puf, 1981
13. ↑ Ibid
14. ↑ Freud S., La vie sexuelle, Puf, Paris, 1982
15. ↑ Freud S, Névrose, psychose et perversion, Paris, Puf, 1981
16. ↑ Freud S, Résultats Idées, Problèmes, Tome II, Paris, Puf, 1985
17. ↑ Ce sont les recherches, dont on peut lire le résultat dans le livre de Mme Ilse Grubrich-Simitis, Freud : retour aux manuscrits, Paris, Puf, 1997 qui permettent de relier les deux textes : « Psychanalyse et télépathie » et « Deux mensonges d'enfant » à cette patiente
18. ↑ Ibid
19. ↑ Freud S., Nouvelles conférences de Psychanalyse, Paris, Gallimard, 1984
20. ↑ Freud S., Totem et Tabou, Paris, Payot, 1986, pp 39 et 112
21. ↑ Les premiers psychanalystes - Minutes de la Société psychanalytique de Vienne - Tome III - 1910-1911 et Tome IV-1912-1918, Paris, Gallimard
22. ↑ On trouvera dans Fiori R., ELFRIEDE H., La femme aux épingles, Rencontre avec un cas de Freud, De la névrose obsessionnelle à la mélancolie, Amazon,broché 2015, en annexe 1 p 143, Une chronologie des symptômes de la patiente à partir des textes de Freud et du dossier médical - Et en Annexe 2 les passages des textes, conférences, et des lettres de la correspondance de Freud où il est question d'Elfriede Hirschfeld
23. ↑ Sigmund Freud –CG Jung- correspondance 1906-1914- Paris, Gallimard, 1992; Ferenczi, Correspondance, 1920-1933, Paris, Calman-Lévy, 1996, lettre du 3 janvier 1911; Abraham The complete correspondance of Sigmund Freud an Karl Abraham -1907-

1929, traduced by Erst Fazelder;Isabelle Roth, Sigmund Freud – Oskar Pfister – Briefwechsel – 1909-1939, Zurich, Theologischen Verlag, 2014. Sigmund Freud – Ludwig-Binswanger, Correspondance, Paris, Calman-Levy, 1995; Lou-Andréa S., Correspondance avec Freud- Journal d'une année (1912-1913), Paris, Gallimard, 2001).

24. † Fiori R., ELFRIEDE H., La femme aux épingles, Rencontre avec un cas de Freud, De la névrose obsessionnelle à la mélancolie, Amazon, format broché et format numérique 2015 et René Fiori « La sixième analyse de Freud », La Cause freudienne N°69, Paris, septembre 2008

UN TYPE D ENTREE DANS LA MELANCOLIE

Paraphrasant le titre de l'article de Freud, " Sur les types d'entrée dans la névrose" qui fait aussi référence à ce cas, ce qu'il nous décrit en fait dans le texte qui porte le titre "La disposition à la névrose obsessionnelle"[1], est de fait une entrée dans un délire mélancolique.

L'entrée dans le délire mélancolique est consécutif à l'annonce par le mari qu'ils ne pourront pas avoir d'enfant du fait d'une azoospermie. Cette annonce frappe de plein fouet Mme H. Elle s'effondre, selon le terme de Freud. Cette maladie du mari renvoie à la négation d'enfant, à un "pas d'enfant". Une négation qui fait certainement écho à celle qui centre la structure de Mme H.

Les deux symptômes d'entrée ne nous sont pas donnés dans ce texte mais dans une intervention de Freud à l'une des séances du mercredi soir de la Société Psychanalytique de Vienne . "1. Elle a constamment peur d'écraser un enfant. 2. Elle a peur des éclats (des éclats de verre)." La phénoménologie de ce dernier symptôme est plus précisément qu'elle a peur de trouver des éclats de verre dans son alimentation. On peut difficilement faire relever ces deux symptômes d'une phobie, ou d'une hystérie d'angoisse.

Voici ce qui en est reporté à la journée du 4 septembre 1916 dans le dossier médical de la patiente qui séjourné quatre fois dans la clinique de Bellevue en Suisse, dirigée par Lubwig Binswanger, auquel ensuite l'adressa Freud.

" Avant hier, deuxième sortie en voiture. La première fois elle est ponctuelle à la minute près, la deuxième fois elle a un quart d'heure de retard. Pendant les deux sorties elle est continuellement préoccupée et veut savoir s'il n'y pas un enfant qui s'est hissé à l'arrière de la voiture (*kein Kind hinten aufsetze*) (c'est la conséquence d'une expérience vécue). Maintenant elle mange avec l'infirmière le soir également, ce faisant elle éprouve une grande peur, il se pourrait qu'il y ait des éclats (Splitter) dans la nourriture .[2]

Dans le compte-rendu de l'infirmière de cette journée, on trouve aussi à la suite un verbatim des propos de la patiente : " J'ai la gorge serrée, j'ai un poids sur la poitrine, je ne peux pas vivre, je ne peux pas être, je ne suis pas un être humain, j'aurai quand même mieux fait de me suicider"[3]

Puis, dans un deuxième temps après l'effondrement, intervient une perturbation dans les rapports sexuels. Le mari traverse alors une période d'impuissance. Comme tout ceci évolue dans le cadre d'une structure mélancolique, il faut en déduire que nous n'avons pas à faire ici au classique " *Penisneid*", mais au fait que la sensation réelle de l'organe compense de manière absolue le tarissement du sentiment de la vie (Φ_0 selon le mathème de Lacan) Un réel de chair qui pallie à la forclusion symbolique, en somme. La conséquence ne sera pas une transformation des symptômes comme le laisserait penser le texte de Freud "La disposition à la névrose obsessionnelle", mais la survenue de symptômes de lavage et d'épinglage des vêtements se surajoutant aux symptômes déjà existants. Le dossier médical que nous avons pu consulté et étudié en donne la spectaculaire phénoménologie.

[1] Freud S, La disposition à la névrose obsessionnelle" , *Névrose, psychose, et perversion*, Paris, Puf, 1981

[2] *Dossier médical Elfriede Hirschfeld, Archives Binswanger*, copie Radio-a, traduit par Johanna Martin et René Fiori, journée du 4 septembre 1916.

[3] "*Meine Kehle ist zugeschnürt, meine Brust ist so schwer, ich kann nicht leben, ich kann nicht sein, ich bien dorch kein Mensch, es wäre doch richtiger gewesen, wenn ich mir das Leben genommen hätte*"

C'EST AUSSI UNE FEMME QUI VEUT AIDER SON PERE COMME JEANNE D'ARC[1]

En commençant par cette citation extraite d'une lettre de Freud à Binswanger qui fait notre titre, nous voudrions souligner qu'il y a un statut à donner à cet " aider", *Helfen* en allemand. Voici ce qu'écrit Hubertus Tellenbach : "Les relations du type mélancolique avec autrui se manifestent comme être-pour-les-autres sous la forme du travail pour-les-autres. On ne " vit que pour la famille". Le type mélancolique est "là" pour l'autre. Il est le prototype de la " sollicitude empressée à intervenir"[2].

Ce n'est donc pas ici du rapport du sujet au signifiant "être mère" dont il s'agit et qui est le fil rouge de notre livre déjà cité. La satisfaction si particulière de la patiente [3] à s'entendre dire par une voyante [4]qu'elle serait un jour mère, et qui a tant étonné Freud plusieurs années plus tard, est la trace, parmi d'autres, du déficit d'être de cette patiente, trace du "tarissement du sentiment de la vie".

S'agissant des parents d'Elfriede Hirschfeld, peu d'informations sont consignées dans le dossier médical et dans la correspondance avec les divers médecins, sinon qu'elle même était l'aînée de leur cinq filles.[5] Freud précise que la jeune femme devient de bonne heure la confidente des soucis du père, piètre commerçant, quant à sa situation économique. Dans le texte "Psychanalyse et télépathie"[6], apparaît ce même verbe Helfen :"*dem vater zu helfen*" , Freud y ajoutant celui de sauver, *retten*, "le sauver de ses difficultés". Mais il ne s'agit pas ici de sauver le père comme idéal. Dans notre propos nous accentuons donc la valeur de *helfen* plutôt que celle de *Vater*. Et plutôt que de considérer qu'il s'agit d'aide à l'autre, nous dirons plus volontiers que le sujet s'aide lui même.

Cette "aide" à l'autre , nous la nommerons dans notre cas, "offrande" à l'autre, indiquant là un problématique horizon de sacrifice, offrande qui est une défense contre la défaillance du sentiment de la vie. Freud, dans son texte qui repose entièrement sur le cas de cette patiente : " Sur les transpositions de pulsions plus particulièrement dans l'érotisme anal"[7], attribue une valeur croisée à l'enfant pour une femme, où se rencontrent " Dans ce désir d'enfant une motion érotique anale et une motion génitale (envie de pénis).[8]Ces deux motions, considérées dans une dimension mélancolique, n'impliquent pas le sujet de la même manière que pour les structures névrotiques. Nous en avons l'idée ici en pensant aux conséquences à double détente - les deux types de symptômes notés par Freud après le déclenchement- pour la patiente, suite à l'annonce de son mari qu'ils ne pourront avoir d'enfants.

Pour ce qui concerne "l'offrande à" que nous considérons comme un dérivé de "l'aide à" , la valeur de cadeau de l'enfant pour Mme Hirschfeld vient en compensation d'un défaut du vital [9]. Cette importance est sensible lorsqu'on voit Freud valider l'interprétation du rêve de sa garde malade, se fiant alors entièrement au symptôme de la patiente qui lui permet cette justesse.[10]

Enfin la comparaison de Freud avec Jeanne d'Arc nous indique une détermination à toute épreuve. Tellenbach, dans le même ouvrage cité, parle lui de cet " *effort typique de performance*" de certains sujets mélancoliques. [11]Nous avons vu, dans notre précédent ouvrage, avec Jacques Lacan [12]que cette tension engageait un rapport spécial entre le lieu de l'Autre (A) et l'Idéal (I), actif dans les choix de vie du sujet et qui, comme défense, a pour fonction de contrecarrer dans la psychose, " tous les phénomènes de négation de la vie"[13]

---

[1] Freud S., Lettre à Ludwig Binswanger, 24 avril 1915, Sigmund Freud -Ludwig Binswanger , Correspondance 1908-1938, Paris, Calman-Levy, Paris, 1995, p.207; dans le texte allemand ""*sie ist auch eine Tochter, die ihrem Vater helfen will wie Jeanne d'Arc*"

[2] Tellebach H., La mélancolie, Paris, Puf, 1979, p.125. On trouvera aussi quelques cas de mélancolie dans Kretschmer Ernst, *Paranoïa et sensibilité*, Paris, Puf, 1963.

[3] Sur ce point on pourra lire : Lacan J., " Fonction et champ de la parole et du langage", *Ecrits*, Op.cit., p.265; "Subversion du sujet et dialectique du désir", *ibid*, note 1 p.796; ., "Les non-dupes-errent", séminaire inédit, séance du 20 novembre 1973. "Radiophonie", *Autres écrits*, Paris, Seuil, 2001.

[4] Freud S.,"Psychanalyste et télépathie", Paris, Puf, 1985; Sigmund Freud-Sandor Ferenczi, *Briefwechsel*, 193F, 3-1-1911

[5] Anamnèse du 3 mai 1915 du Dr Muthmann à Nassau, qui était alors l'assistant du Dr Poensgen qui avait déconseillé à E.H de consulter Freud, document inédit, copie Radio-a.

[6] Freud S.,"psychoanalyse und Telepathie", Gesammelte Werke, Schriften aus dem Nachlass 1892-1939, Fisher-Verlag

[7] Freud S." Sur les transpositions de pulsions plus particulièrement dans l'érotisme anal*", La vie sexuelle*, Paris, Puf, 1982. (*Uber Triebumsetzung, insbesondere der Analerotik*)

[8] Freud S.,*Jbid*, , p.110

[9] Voir notre livre comment Lacan qualifie ce défaut selon qu'il s'agit de paranoïa, de Schizophrénie, ou de mélancolie.

[10] Freud S., " Un rêve utilisé comme preuve", *Névrose, psychose, et perversion, op.cit.*

[11] Tellenbach H., *op.cit.*, p.99

[12] Lacan J., " D'une question préliminaire à tout traitement possible de la psychose", *Ecrits*, Paris, Seuil, 1966.

[13] Tellenbach H., *op. cit.*, p.99

12

**Chronologie des éléments concernant Elfriede Hirschfeld
à partir des textes de Freud**

et

**avec les éléments du dossier médical
et les échanges de courrier inédits.**

*

Mme H est l'aînée de 5 sœurs

❖ Mme H naît le 18 décembre 1873 (dossier médical)

❖ Pendant l'enfance : fantasmes de fustigation (Séance de la SPV et Disposition à la névrose obsessionnelle)

❖ 1883 - Elle a 10 ans : mensonge à l'école (Deux mensonges d'enfants)

❖ 1884 - 11 ans : elle laisse tomber sa plus jeune sœur (Psychanalyse et télépathie) (et dossier médical au 29 novembre 1922) :
"Quand elle avait 11 ans sa petite sœur avait glissé de la chaise. Des années durant elle a eu peur que celle-ci puisse de ce fait ne pas pouvoir grandir (*im Wachstung beschädigt*)"

❖ Légère névrose obsessionnelle qui s'est achevée à la puberté / Grande piété

❖ A cours des années, avant la maladie véritable, elle avait une phobie des boîtes aux lettres, claustrophobie (dossier médical - 29 novembre 1922)

❖ 1892- Elle a 19 ans, elle se marie (dossier médical : 15 avril 1916 et 9 octobre 1922)
Elle s'est baptisée juste après son mariage pour pouvoir aller avec son mari à Moscou. Après le baptême, elle est redevenue israélite en faisant intervenir son rabbin et en prenant un bain rituel

❖ 1895 - 3 ans après le mariage, scène avec son mari – apparition de la peur des éclats (dossier médical - 9 octobre 1922)

❖ 1900- 27 ans - son mari lui apprend qu'ils ne pourront avoir d'enfants de son fait à lui- Symptômes d'hystérie d'angoisse (Psychanalyse et télépathie) elle supporta mal cette déception (Le rêve et l'occultisme), puis survient le cérémonial obsessionnel.
(« La patiente est mariée depuis 21 ans, les huit premières années de mariage ont été très heureuses, le bonheur n'a été assombri que par le fait qu'elle n'avait pas d'enfants. Donc Il y a environ 13 ans, la maladie a débuté soudainement après qu'elle ait appris par son mari ou bien par un médecin, que son mari était stérile à cause d'une épididymite (*Hedenentzündung*), cela l'aurait terriblement ébranlée. Elle n'a pas pu abréagir tout de suite, parce qu'il y avait des invités présents. Dès qu'ils furent partis, elle a terriblement pleuré. » (dossier médical -15 avril 1916)

(dossier médical 9 octobre 1922) : « Elle dit qu'après huit ans de mariage, elle a voulu se faire opérer à la suite de quoi son mari lui a expliqué que c'était lui qui éventuellement était la cause du fait qu'ils n'avaient pas d'enfant, parce qu'il aurait eu une infection des testicules (*Hodenentzündung*). Mais il n'est jamais allé voir un médecin pour cela. Quand trois ans après, elle a voulu recommencer à en parler, il l'a menacée de lui jeter quelque chose à la tête, en lui disant : « laisse-moi le doute » (*lass mir den Zweifel*) [...] les premiers phénomènes obsessionnels (*zwangsercheinungen*) (peur des éclats) (*Splitterangst*) seraient apparus tout de suite après la scène évoquée avec son mari, alors qu'ils étaient mariés depuis 11 ans (mariage à 19 ans)

❖ 1901. Elle a 28 ans : elle se fait prédire par un chiromancien qu'elle aura 2 enfants à 32 ans

❖ Elle séjourne dans diverses cliniques ("Psychanalyse et télépathie" et lettre du Dr Muthmann)

❖ 1908, dernière semaine du mois d'octobre, la patiente a 35 ans : arrivée chez Freud (Lettre à Jung du 8 novembre 1908)

❖ 1914 Interruption de la cure analytique (Lettre du Dr Muthmann)
❖ 1915 Contacte le Dr Ludwig Binswanger
❖ 1916 Premier séjour dans la clinique de Bellevue
❖ 1921 Second séjour
❖ 1923 Troisième séjour
❖ 1924 Quatrième séjour et dernier séjour
❖ 1938, 4 avril décès de Mme H

Passages, textes et références
concernant le cas de Mme H.

❖ 1908 - 8 Novembre 1908 - lettre de Freud à Jung.

« Mme C- est effectivement arrivée chez moi il y a quinze jours, c'est un cas terriblement sérieux d'obsession, qui ne peut changer que très lentement. Le motif de sa préférence pour la personne est que Thomsen lui a justement déconseillé que ce soit moi ; qu'elle tomberait certainement dans une maladie encore plus grave. Mais cela s'accordait précisément avec ses intentions de punition ».[7]

❖ 1908- 29 novembre - Lettre de Freud à Jung

« Mme C- est véritablement un gros morceau. Ses choses sont naturellement faciles à percer à jour, mais l'autre partie de la tâche, les lui faire saisir et accepter, cela promet d'être dur. Un exemple : depuis que lors d'une excursion elle a presque écrasé un enfant (ou conclu cela d'un cri), elle est très malheureuse quand elle conduit, constamment tentée de faire marche arrière après chaque court trajet, pour se persuader qu'il n'est rien arrivé, et aimerait abandonner complètement la conduite. Dans la mêlée, elle a peur de heurter quelqu'un. Tout cela est très simple : dans ses fantasmes elle est un homme, qui va *en avant* et *en arrière*, et conçoit (tue) par là un enfant ; les heurts appartiennent au même contexte : elle pousserait vigoureusement dans ce cas. Qu'elle soit elle-même l'homme, cela provient de ce qu'elle a besoin d'un tel homme et ne veut pas le chercher ; elle le remplace par une identification. Elle est en effet tombée malade à la suite d'une épididymite. C'est ainsi que tout marche. C'est simple à crier, mais le succès thérapeutique ! Elle se ferme la nuit avec des épingles pour rendre ses organes génitaux inaccessible ; représentez-vous son accessibilité intellectuelle »

❖ 1909 - 22 décembre - Intervention à la séance du mercredi soir de la SPV

« Le Pr Freud donne deux exemples d'élucidation d'idées obsessionnelles afin d'attirer l'attention sur la forme singulièrement déguisée sous laquelle peuvent se présenter les motions sexuelles infantiles. Les deux exemples sont pris chez une patiente qui souffre d'une grave névrose obsessionnelle

1. Elle a constamment peur d'écraser un enfant
2. Elle a peur des éclats (des éclats de verre)

Ces deux idées apparemment si différentes, qui restreignent toutes deux gravement [les mouvements de] la patiente, permettent la même résolution. C'est une femme qui n'a pas d'enfants et c'est parce que cet espoir a été déçu qu'elle est tombée malade. La première peur est une phobie ; comme toute phobie, elle correspond à un désir, dans ce cas un désir de nature sadique. Comment en arrive-t-elle à désirer écraser un enfant ? N'ayant elle-même pas d'enfants, elle envie tous ceux qui en ont. Cet étrange désir né de l'envie nous a été transmis dans l'histoire du jugement de Salomon, où il est utilisé pour identifier la vraie mère. A part cette origine dans la vengeance, la première phobie a encore une autre signification. « écraser », comme les rêves nous l'apprennent, est un symbole très fréquent du coït (du point de vue du mouvement). Dans cette traduction, la phobie signifierait : le désir d'avoir un coït avec un enfant (de l'utiliser sexuellement). Cela acquiert un sens si l'on procède à une simple substitution. Dans ses fantasmes, la patiente est à la fois un homme et une femme. Le désir de vengeance est le désir féminin, l'autre est le désir masculin. Elle désire qu'un homme abuse sexuellement d'un enfant : cet homme est son père et cet enfant délibérément indéfini est elle-même. Le regret de n'avoir pas été [sexuellement] utilisée par son père est le contenu de sa névrose. Elle est l'aînée de cinq sœurs et, son attention ayant été attirée à un âge précoce sur les processus de la naissance, elle a désiré un enfant de son père. Ceci, en liaison avec une nette jalousie à l'égard de sa mère, a mené à une légère névrose obsessionnelle qui s'est

---

[7] *Strafabsichter*

achevée dans la puberté par une grande piété. Lorsqu'elle apprit qu'elle ne pouvait avoir d'enfant, son désir se rejeta sur sa libido infantile. Sa phobie ne contient pas une peur véritable, mais elle a le sentiment indéfini d'avoir écrasé un enfant. Les phobies des obsessionnels ne contiennent *jamais la peur de quelque chose* [qui pourrait arriver]. Il s'agit toujours d'une peur qui est jointe au sentiment que c'est arrivé : c'est une peur *après coup*.

La seconde phobie a une motivation purement infantile, autrement dit les autres motivations sont banales. La patiente se souvient spontanément qu'étant enfant, elle avait appris que la cigogne apporte les enfants par la fenêtre. Par hasard, elle vit effectivement, lors d'une naissance, une fenêtre brisée. La phobie cache ainsi le désir de voir des éclats- ce qui serait la preuve qu'il y a un enfant. Maintenant, elle le désir ardemment, alors que dans son enfance, la naissance d'une nouvelle petite sœur l'avait fâchée.

❖   1909 L'homme aux rats (Cinq psychanalyses, Paris, Puf, 1984, p.260)
« J'ai actuellement l'occasion de soigner une dame atteinte d'une névrose obsessionnelle très grave, et dont la personnalité est scindée d'une manière semblable en une indulgente et gaie et une autre déprimée et ascétique. Cette dame met en avant la première, à titre de moi officiel, tout en se trouvant sous l'empire de la seconde. Ces deux organisations psychiques on accès à son conscient, et derrière la personne ascétique se retrouve son inconscient, lequel lui est tout à fait inconnu, et est constitué par ses tendances et ses désirs les plus anciens, refoulés depuis longtemps ».

❖   1910- 25 février – Lettre de Freud à Ferenczi

« I was saved just short of the point exhaustion by the departure of my main patient for Franckort yesterday and will now able to write may Leonardo"[8]

❖   1910 - 16 mars - Intervention à la séance du mercredi soir de la SPV
Le Pr Freud traite actuellement une patiente dont la maladie a suivi un cours similaire. Elle eut une névrose d'angoisse à la suite d'un traumatisme dans sa vie conjugale. Bientôt s'ajoutèrent des phobies provenant d'une hystérie d'angoisse. Plus tard, un nouvel incident provoqua l'apparition de symptômes névrotiques obsessionnels. C'est là un développement qui – côté des cas « autochtones » - mène fréquemment à la névrose obsessionnelle. Cela fait l'impression d'un développement, mais une autre conception est possible. Il semble clair que la névrose obsessionnelle de cette patiente exprime la même chose que ses symptômes d'angoisse. Il semble aussi, cependant, que d'autres motifs nouveaux furent éveillés en elle, qui favorisèrent la transformation d'une névrose en l'autre. Dans l'hystérie d'angoisse, elle avait surtout lutté contre des tentations la transformation d'une névrose en l'autre. Puis un motif de vengeance datant de son enfance vint s'ajouter à cela (sa vie sexuelle avait commencé très tôt, avec des manifestations sadiques). Ce ne serait donc *pas la transformation spontanée* d'une forme en une autre, mais une transformation due à un changement du point de départ psychique.

❖   1910 - 22 Avril - Lettre de Freud à Jung
« Par bonheur Mme C- est encore auprès de sa mère qui est à l'article de la mort, sinon ce serait trop »

❖   1910 - 10 juillet – Lettre de Freud à Oskar Pfister[9]

❖   1910 - 19 Octobre - Séance du mercredi de la SPV- intervention de Freud en réponse à Adler

---

[8] *The correspondance of Sigmund Freud ad Sandor Ferenczi 1908-1914*, traduced by Ersnt Fazelder.
[9] Les mentions des lettres de Freud à Pfister renvoient à l'ouvrage d'Isabelle Roth : *Sigmund Freud – Oskar Pfister – Briefwechsel – 1909-1939*, Zurich, Theologischen Verlag, 2014.

« L'orateur donne un exemple de la détermination inconsciente du mensonge : une écolière s'entêta vis-à-vis de son maître à maintenir une contre-vérité ; l'analyse montra par la suite qu'elle l'avait fait en raison d'une identification à son père, qui la forçait à jouer un certain rôle »

❖ 1911 - 3 janvier - Lettre de Freud à Ferenczi > Cher ami,
Comme cadeau de Nouvel An, la prophétie suivante, pour votre collection : la plus belle pièce peut-être que vous ayez jusqu'à présent, pour autant que je connaisse le matériel.

Femme de 37 ans, souffrant de névrose obsessionnelle depuis que son mari lui a appris, à l'âge de 27 ans, que si elle n'avait pas d'enfants, c'est à cause de son azoospermie. Tout commence avec des symptômes d'angoisse dans sa 27ème année ; Un an plus tard (28ans) elle se fait prédire par un chiromancien, à partir des lignes de la main, qu'elle mènera avec succès de grands combats, et qu'elle aura deux enfants à 32 ans. Cela l'a consolée un certain temps, mais aujourd'hui, la prédiction est dépassée de cinq ans déjà.

Analyse : les combats s'éclairent à partir de la situation. Elle avait toujours souhaité avoir des enfants : elle était, elle-même, l'aînée de cinq frères et sœurs. A l'époque, elle se demandait si elle ne devrait pas quitter son mari. De toute façon, il est étrange que le chiromancien lui ait prédit cela, ainsi que son désir d'enfant, directement   et   sans   poser   d'autres   questions. Mais d'où vient le terme et le nombre deux pour les enfants ?[10]

Ma question : Quel âge avait votre mère à votre naissance ?

Réponse : Elle avait 30 ans quand elle s'est mariée (Correction immédiate : Elle avait 30 ans lorsque je suis venue au monde.

Question: Quelle est la différence d'âge entre vous et votre sœur cadette la plus proche?

Réponse : Un an et demi

Moi: Ainsi, à 28 ans, votre mère n'avait pas encore d'enfant. Vous vous êtes consolée, je deviendrai *comme ma mère*, et à 32 ans j'aurai déjà deux enfants. Pour ce qui est des combats, votre mère n'entre donc pas en ligne de compte ?

Elle : non

Moi : Qu'est-ce que ce fantasme présuppose encore ? Que vous sépariez de votre mari, ou bien qu'il meure, si bien que, malgré l'année de deuil, vous ne seriez pas en retard par rapport à votre mère.

Elle : J'ai toujours eu grand peur qu'il lui arrive quelque chose. Alors qu'il voulait partir hier soir, j'ai eu du mal à le convaincre de prendre le train ce matin. Et s'il lui arrivait malheur, justement dans le train que je lui ai recommandé ?

❖ 1911 - 12 mai - Lettre de Freud à Jung
« Chez la C- j'ai enfin obtenu quelque chose par la Ψ A : une forte aggravation symptomatique.[11] Il est vrai que cela se trouve sur le chemin ; mais il n'est pas assuré qu'on l'amène à franchir cela et encore au-delà. Je suis déjà très proche de son conflit fondamental, comme le montre la réaction. Elle fait partie des cas les plus graves, peut être tout à fait irredressables. Mais il faut rester conséquent et on a horriblement beaucoup à apprendre justement dans ces circonstances-là ».

❖ 1911 - 18 mai - Lettre de Jung à Freud

---

[10] Phrase qui semble avoir été oubliée dans la traduction : « *Aber der Termin und woher die Zweizahl der Kinder ?* »
[11] *Eine arge symptomatische Verschlechterung*- A noter que le dérivé : ärger, fait apparaître d'autres nuances : dépit, colère, irritation, contrariété, désagrément etc.

❖ 1911 - 24 mai- intervention à la séance du mercredi soir de la SPV- Dans le décours de l'intervention de Freud :
« Chez une patiente, cette envie (l'envie du pénis) est devenue déterminante. Elle eut à un âge précoce le désir d'avoir un enfant (de son père) ; elle n'a jamais aspiré à aller au-delà de son rôle féminin. Dans son cas, l'envie d'avoir des enfants supplanta l'envie du pénis. »

❖ 1911- 28 mai – Lettre de Freud à Oskar Pfister

❖ 1911- 15 juin – Lettre de Freud à Oskar Pfister

❖ 1911- 23 juin – Lettre de Freud à Oskar Pfister

❖ 1911 - 3 juillet - Lettre de Freud à Oskar Pfister

❖ 1911- 9 octobre – Lette de Freud à Oskar Pfister

❖ 1911- 17 décembre - Lettre de Freud à Jung
« Mme C- est à nouveau arrivée chez moi. Je suis par la force des choses tolérant et patient. L'affaire avec Pfister est en ordre....»

❖ 1911 - 31 décembre - Lettre de Freud à Jung
« La C- m'a raconté toutes sortes de choses sur vous et sur Pfister, si l'on peut appeler raconter ces allusions continuelles, desquelles je conclus que vous deux n'avez pas encore acquis dans la pratique la froideur nécessaire, que vous vous engagez encore et que vous donnez beaucoup de votre propre personne, pour demander quelque chose en retour. Puis-je, en digne vieux maître, vous avertir qu'avec cette technique on fait régulièrement un mauvais calcul, qu'il faut bien plutôt rester inaccessible et se borner à recevoir ? Ne nous laissons jamais rendre fous par les pauvres névrosés. L'essai sur le « contre-transfert », qui me semble nécessaire, ne devrait pas être imprimé, mais circuler parmi nous en copies.

S'il y a véritablement chez vous une mauvaise humeur à mon égard, la C- ne doit pas être l'occasion de s'exprimer là-dessus. Je vous prie donc, si elle vous demande de me relater cette conversation avec elle, ne vous laissez pas influencer ou commander par elle, mais attendez tranquillement mon prochain méfait, pour faire alors vos comptes avec moi ».

❖ 1912 - 2 janvier - Lettre de Jung à Freud

❖ 1912 - 2 janvier - Lettre de Freud à Oskar Pfister

❖ 1912 - 10 janvier - Lettre de Freud à Jung > « Cher ami,
D'abord je me suis creusé la tête pendant deux semaines cherchant pourquoi je ne recevais pas de réponse de vous, - Mme C- ne pouvait tout de même en être la cause- [...] ce que vous avez écrit au sujet de l'affaire de Mme C- m'a presque fait de la peine. Vous ne devez pas vous en faire le reproche vis-à-vis de moi, mais plutôt modifier la technique dans le sens d'une plus grande retenue envers la patiente. Ce que la pauvre recherche en particulier, c'est un flirt intellectuel, dans lequel elle puisse oublier un instant le fait de sa maladie. Je ne manque pas de le lui rappeler durement. »

❖ 1912- 9 février – Lettre de Freud à Oskar Pfister

❖ 1912- 15 juin – Télégramme de Freud à Oskar Pfister

❖ 1912 - 30 octobre - Séance du mercredi soir de la SPV

« Le fait qu'il y ait des cas où l'on ne trouve pas de trace de l'envie de pénis met particulièrement en doute la conception d'Adler de l'universalité de la protestation masculine. Ainsi une autre patiente, qui a quatre sœurs, tombe malade lorsqu'elle apprend qu'elle ne peut pas avoir d'enfants : elle voulait un enfant de son père. Ceci est un cas d'envie (purement féminine) portant sur la capacité d'avoir des enfants et dirigée contre la mère ».

❖ 1912-1913 - _Totem et tabou_ - p.39

« ...une observation faite sur une de mes malades, atteinte de névrose obsessionnelle […] Quant à ma malade, elle exige que l'objet que son mari vient d'acheter soit éloigné de la maison, sans quoi le séjour dans cette maison lui sera impossible. Elle sait en effet que cet objet a été acheté dans une boutique située, par exemple, dans la rue des Cerfs. Or une de ses amies, habitant aujourd'hui une ville lointaine, et qu'elle avait connue autrefois sous son nom de jeune fille, s'appelle maintenant Mme Cerf. Cette amie lui est aujourd'hui « impossible », tabou, et l'objet acheté ici, à Vienne, est aussi tabou que l'amie elle-même avec laquelle elle ne veut avoir aucun rapport ».

p.112

« Voici à titre d'illustration, un exemple emprunté à la névrose : dans le chapitre sur le tabou, j'ai mentionné en passant une malade dont les interdictions obsessionnelles présentaient la ressemblance la plus frappante avec le tabou des Maori. La névrose de cette femme est dirigée contre son mari ; elle culmine dans la défense contre le désir inconscient de sa mort. Cependant, dans sa phobie manifeste, systématique, elle ne songe nullement à son mari qui se trouve éliminé de ses soucis et préoccupations conscients : tout ce qu'elle craint, c'est d'entendre parler de la mort en général. Un jour elle entend son mari charger quelqu'un de faire repasser ses rasoirs dans une certaine boutique. Poussée par une bizarre inquiétude, elle s'en va voir elle-même l'emplacement de cette boutique, et de retour de son voyage d'exploration, elle met son mari en demeure de se débarrasser une fois pour toutes de ces rasoirs, car elle a découvert qu'à côté de la boutique où ils devaient être repassés, se trouvait un magasin de cercueils, articles de deuil, etc. C'est ainsi que son intention a créé un lien indissoluble entre les rasoirs et l'idée de la mort. Telle est la motivation systématique de l'interdiction. Nous pouvons être certains que même sans la découverte du macabre voisinage, la malade serait rentrée chez elle dans la même disposition d'esprit. Il lui aurait suffi pour cela de rencontrer sur son chemin un corbillard, une personne en deuil ou portant une couronne mortuaire. Le réseau des conditions était assez étendu, pour que la proie s'y trouvât prise à la moindre occasion ; il ne tenait qu'à elle de profiter des occasions qui pouvaient se présenter. Nous pouvons admettre sans risque de nous tromper que, dans d'autres cas, elle fermait les yeux sur ces occasions ; elle disait sans doute alors que « la journée avait été bonne ». Quant à la cause réelle de l'interdiction relative aux rasoirs, nous la devinons facilement : il s'agissait d'un mouvement de défense contre le plaisir qu'elle pouvait éprouver à la pensée qu'en se servant des rasoirs repassés, son mari risquait facilement de se couper la gorge ».

❖ 1913 - 1er janvier- Lettre à Pfister

« L'attitude de Jung dans le cas de Mme H... a été très ambiguë. Mais, par principe, je n'ai fait d'aucun détail de sa conduite un _casus belli_. Il se serait épargné le grave conflit dont vous me parlez dans votre lettre s'il n'était pas allé s'imaginer qu'il possédait le secret de la guérir _cito et jucunde_. Je croirais plutôt qu'il n'a jamais eu l'occasion de traiter un cas de cette intensité et qu'il n'a aucune idée des difficultés qu'il pouvait offrir. Ne vous fiez pas trop à un accord personnel durable entre Jung et moi. Il m'en demande trop et je reviens passablement de la surestimation que je portais à sa personne. Il suffit que la communauté de notre Association subsiste. »

❖ 1913 – 11 Mars – Lettre de Freud à Oskar Pfister

❖ 1913- Lou Andréa-Salomé – Correspondance avec Freud et Journal d'une année

Pour les trois textes ci-dessous nous renvoyons le lecteur au volume intitulé : *Névrose, psychose et perversion*

❖ 1913 - Deux mensonges d'enfants

❖ 1913 - Disposition à la névrose obsessionnelle (texte prononcé sous le titre « Le problème du choix de la névrose » durant le congrès de Munich qui s'est déroulé les 7 et 8 décembre 1913)

❖ 1913 - Un rêve utilisé comme preuve

❖ 1914 - 23 juillet - Lettre à d'Abraham à Freud
« J'ai rendu visite à Mme A. dans l'hôtel. Elle parle de rester à Berlin. J'ai été surpris en apprenant qu'elle lisait « La prédisposition à la névrose obsessionnelle »

❖ 1914 Juillet – Lettre de Freud à Abraham

It is possible that my grand patient Frau Hirschfeld may approach you in the next future etc."[12]

❖ 1915- 19 avril - Lettre de Freud à Binswanger

❖ 1915 - 24 Avril - Lettre de Freud à Binswanger
« Pour mes écrits, elle est importante : Un rêve d'évidence, La prédisposition à la névrose obsessionnelle ; c'est aussi une fille qui veut aider son père comme Jeanne d'Arc. Bref, on n'en finirait jamais de parler d'elle »

❖ 1915 - 18 mai - Lettre de Freud à Binswanger

❖ 1916 - Sur les transpositions des pulsions et particulièrement dans l'érotisme anal (note en bas de page qui indique que le cas de Mme Gi fait l'objet de cette élaboration) (*La vie sexuelle*)

❖ 1919 - Un enfant est battu (Névrose, psychose et perversion)

❖ 1920 – 3 mai- Lettre de Freud à Oskar Pfister

❖ 1920 – 9 mai – Lettre de Pfister à Sigmund Freud*

❖ 1920 – 9 mai – Lettre de Freud à Oskar Pfister

❖ 1920 – 12 juillet – Lettre de Freud à Oskar Pfister

❖ 1920- 22 juillet – Lettre de Pfister à Sigmund Freud

---

[12] *The complete correspondance of Sigmund Freud an Karl Abraham* -1907-1929, traduced by Erst Fazelder.

❖ 1921 – 24 octobre – Lettre de Pfister à Sigmund Freud

❖ 1921 - Psychanalyse et télépathie – Résultats, idées, problèmes- Tome 2

« Dans la ville de F…grandit une enfant, l'aînée de cinq, toutes des filles. La plus jeune a dix ans de moins qu'elle, elle la laisse tomber un jour, encore bébé, de ses bras, plus tard elle l'appelle « son enfant ». La petite sœur qui la suit n'est séparée d'elle que par le délai le plus court, elles sont nées toutes les deux la même année. La mère est plus âgée que le père, pas aimable, le père, plus jeune et pas seulement par l'âge, s'occupe beaucoup de ses petites filles et leur en impose par ses tours d'adresse. Malheureusement, il n'en impose pas par ailleurs, homme d'affaires médiocre il ne peut faire vivre la famille sans l'aide de ses parents. La fille aînée devient de bonne heure la confidente de tous ses soucis résultant de la faiblesse de ses gains.

Après avoir surmonté son caractère d'enfant rigide et passionné, elle devient en grandissant un véritable miroir de vertu. Son grand pathos moral s'accompagne d'une intelligence étroitement limitée. Elle est devenue institutrice, elle est très respectée. Les hommages timides d'un jeune parent qui est son professeur de musique la touchent peu. Aucun autre home n'a encore éveillé son intérêt.

Un jour apparaît un parent de sa mère, considérablement plus âgé que la jeune fille, mais comme elle n'a que dix-neuf ans, c'est encore un homme jeune. C'est un étranger, il vit en Russie où il dirige une grande entreprise commerciale, il est devenu très riche. Il ne faudra rien de moins qu'une guerre mondiale et la chute du plus grand despotisme pour l'appauvrir lui aussi. Il tombe amoureux de la jeune et sévère cousine et veut l'avoir pour femme. Les parents ne la poussent nullement, mais elle comprend ce que les parents souhaitent. Derrière tous les idéaux moraux, lui sourit l'accomplissement du désir fantasmatique d'aider son père, de le sauver de ses difficultés. Elle fait des calculs, il soutiendra son père financièrement tant que celui-ci continuera son commerce, il lui fera une rente lorsqu'enfin il s'en retirera finalement, il donnera aux sœurs dot et trousseau pour qu'elles puissent se marier. Et elle tombe amoureuse de lui, l'épouse peu après et le suit en Russie. En dehors de quelques petits incidents qui ne sont pas directement compréhensibles et ne prendront signification que rétrospectivement, tout va aussi pour le mieux dans ce mariage. Elle devient une femme tendrement aimante, sensuellement satisfaite, la providence de sa famille. Une seule chose lui manque, elle n'a pas d'enfants. Elle a maintenant vingt-sept ans, est mariée depuis plus de sept ans, vit en Allemagne, et après avoir surmonté toutes ses hésitations, elle s'adresse à un gynécologue allemand. Celui-ci, avec la désinvolture habituelle des spécialistes, lui promet le succès si elle se soumet à une petite opération. Elle y est prête, en parle la veille au soir avec son mari. C'est le moment du crépuscule, elle veut faire de la lumière. Son mari lui demande de n'en rien faire, il a quelque chose à lui dire et préfère pour cela l'obscurité. Elle devrait décommander l'opération, c'est sa faute à lui s'ils n'ont pas d'enfants. Au cours d'un congrès médical, voilà deux ans, il a appris que certaines maladies peuvent priver l'homme de sa capacité de procréer et un examen a montré ensuite qu'il était, lui aussi, dans ce cas. Après cette révélation, l'opération n'a pas lieu. En elle se produit alors un effondrement passager qu'elle tente en vain de cacher. Elle n'a pu l'aimer que comme substitut du père, maintenant elle a appris qu'il ne pourra jamais devenir père. Trois voies s'ouvrent devant elle, toutes également impraticables : l'infidélité, le renoncement à l'enfant, la séparation d'avec son mari. Cette dernière voie n'est pas possible pour les meilleurs motifs pratiques, la seconde pour les motifs inconscients les plus forts que vous devinez aisément. Toute son enfance avait été dominée par le désir trois fois déçu d'avoir un enfant de son père. Ainsi lui reste-t-il cette issue qui la rendra si intéressante à nos yeux. Elle sombre dans une grave névrose. Pendant un certain temps, elle se défend contre diverses tentations l'aide d'une hystérie d'angoisse, puis elle bascule dans des actes obsessionnels graves. Elle séjourne dans des cliniques et finalement, au bout de dix ans de maladie, vient me voir. Son symptôme le plus frappant était d'attacher, au lit, ses draps aux couvertures avec des épingles de sûreté. Elle trahissait ainsi le secret de la contamination de son mari [une inoculation comme par piqûre] qui l'avait privée d'enfants. (Note en bas de page : Attacher, épingler se dit en allemand *anstecken*, le même verbe signifie contaminer. *Ansteckung*=contamination, ou inoculation.)

Cette patiente me raconta un jour-elle avait alors peut être quarante ans- un événement datant du début de sa dépression, encore avant l'apparition de la névrose obsessionnelle. Pour la distraire, son mari l'emmena dans un voyage d'affaires à Paris. Le couple était assis avec une relation d'affaires du mari dans le hall de l'hôtel, lorsqu'une certaine agitation et des mouvements divers se manifestèrent dans la salle. Elle demanda à un employé de l'hôtel ce qui se passait et apprit que le Professeur était arrivé pour donner des consultations dans un petit cabinet près de l'entrée. M. le Professeur était un grand diseur de bonne aventure, il ne posait pas de questions, mais il faisait, dit-il, marquer par le visiteur l'empreinte de sa main dans une cuvette remplie de sable et prédisait l'avenir par l'étude de cette empreinte. Elle déclara qu'elle voulait aussi t aller, se faire prédire l'avenir, son mari le lui déconseilla, disant que c'était absurde. Mais lorsqu'il fut parti avec sa relation d'affaires, elle retira son alliance du doigt et se glissa dans le cabinet du diseur de bonne aventure. Celui-ci étudia longuement l'empreinte de la main et lui dit ensuite : vous aurez prochainement de grands combats à soutenir, mais tout finira bien, vous vous marierez et à trente-deux ans vous aurez deux enfants. Elle raconta cette histoire d'une façon visiblement admirative et sans la comprendre. Ma remarque qu'il est vraiment dommage de voir la date fixée par la prophétie déjà dépassée de huit ans ne lui fit aucune impression. Je pouvais me dire qu'elle admirait peut-être l'assurance audacieuse de cette prédiction, le « coup d'œil du rabbin ».

Malheureusement ma mémoire, par ailleurs fidèle, n'est pas sûre de l'énoncé de la première partie de la prédiction : tout finira bien, vous vous marierez, ou, au lieu de cela : vous serez heureuse. Mon attention s'était trop concentrée sur la phrase finale, fortement marquée avec ses détails frappants. En fait, les premières phrases à propos des combats qui finiront bien correspondent, c'est vrai, aux formules vagues qui se trouvent dans toutes les prophéties, même dans celles que l'on achète toutes faites. D'autant plus frappantes apparaissent auprès d'elles les deux précisions numériques de la phrase finale. Mais il n'aurait certainement pas été sans intérêt de savoir si le professeur avait vraiment parlé de *mariage*. Elle avait certes retiré son alliance et paraissait à vingt-sept ans très jeune, elle aurait pu passer facilement pour une jeune fille, mais d'autre part il n'est pas besoin de beaucoup d'astuce pour découvrir la trace de l'anneau à un doigt. Limitons-nous au problème de la dernière phrase qui promet deux enfants à l'âge de trente-deux ans.

Ces détails paraissent certes tout à fait arbitraires et inexplicables. Même le plus crédule n'entreprendra guère de les déduire de l'interprétation des lignes de la main. Ils auraient trouvé une justification indiscutable si le destin les avait confirmés, mais il ne l'a pas fait, elle avait maintenant quarante ans et pas un seul enfant. Quelles étaient donc l'origine et la signification de ces chiffres ? a patiente elle-même n'en avait pas la moindre idée. Le plus simple eût été de tirer un trait sur la question et de rejeter cet incident comme n'ayant aucune valeur parmi les nombreuses autres communications absurdes, soi-disant occultes.

Ce serait bien beau, ce serait la solution la plus simple et le soulagement le plus souhaité, si- je dois dire malheureusement- l'analyse n'était justement en état de donner une explications de ces deux chiffres et une fois de plus une explication qui se révèle être pleinement satisfaisante et même allant de soi pour la situation donnée.

Les deux chiffres concordent en effet parfaitement avec la biographie de la mère de notre patiente. Celle-ci ne s'était mariée qu'après trente ans et sa trente-deuxième année était justement celle où, s'écartant du destin habituel des femmes et comme pour rattraper ce retard, elle avait pu donner la vie à deux enfants. La prophétie est donc facile à traduire : ne t'afflige donc pas de n'avoir pas d'enfants actuellement, cela ne veut encore rien dire, tu peux toujours avoir encore le destin de ta mère qui n'était même pas mariée à ton âge et qui cependant avait à trente-deux ans ses deux enfants. La prophétie lui promet l'accomplissement de cette identification à sa mère qui était les secrets de son enfance, cela par la bouche d'un diseur de bonne aventure ignorant toutes ces circonstances personnelles et occupé à examiner une empreinte dans le sable. Nous sommes alors libres d'insérer comme présupposé de cet accomplissement de désir, inconscient dans tous les sens du mot : tu sers débarrassée de ton inutile mari par la mort, ou bien : tu trouveras la force de te séparer de lui. La première de ces possibilités correspondrait mieux à la nature de la névrose obsessionnelle, les combats victorieusement soutenus dont parle la prophétie font entrevoir la seconde possibilité. »

❖ 1921- 21 juillet – Lettre de Pfister à Sigmund Freud

❖ 1921 – 29 juillet – Lettre de Freud à Oskar Pfister

❖ 1921- 3 novembre- Lettre de Freud à Binswanger
« Dans votre établissement se trouve actuellement- en dehors de ma vieille patiente Mme Gi- un homme auquel je m'intéresse »

❖ 1921- 8 novembre - Lettre de Binswanger à Freud

❖ 1922 – 3 avril – Lettre de Pfister à Sigmund Freud

❖ 1922- 8 mai - Lettre de Freud à Binswanger

« Cher Docteur !

Pour exprimer mon opinion sur le cas de Mme Gi., je pense qu'on ne pourra arriver à quelque chose qu'en associant psychanalyse et interdiction (contre-contrainte). Je regrette beaucoup de n'avoir disposé à l'époque que de l'une, l'autre n'étant réalisable qu'en institution. Je n'ai certes jamais minimisé vos efforts ; dommage que ce volume n'en représente que l'introduction. Avec mes salutations cordiales à vous, votre femme, la troupe d'enfants ainsi qu'à Mme Gi ».

❖ 1922 – 19 juillet – Lettre de Pfister à Sigmund Freud

❖ 1922- 25 juillet - Lettre de Freud à Pfister
« Je trouverai certainement une petite heure avec vous et Binswanger pour parler de la pauvre Mme H…Mais cela lui sera-t-il utile ? Cette inintelligente personne a perdu le procès de sa vie à toutes les instances, je crois. J'ai fait autrefois les efforts les plus extravagants pour écarter cette sentence »

❖ 1923 - 13 janvier - Lettre de Binswanger à Freud.

❖ 1924 – 4 juillet – lettre de Pfister à Sigmund Freud

❖ 1924- 11 juillet – Lettre de Freud à Oskar Pfister

❖ 1925 - 4 mai - Lettre de Binswanger à Freud

❖ 1925- 10 mai- Lettre de Freud à Binswanger

« Cher professeur ! Par l'intermédiaire du pasteur Pfister-Mme Gi, j'ai appris que vous étiez à nouveau complètement rétabli »

❖ 1925 –Quelques additifs à l'ensemble de l'interprétation des rêves (*RIP II*)

« C'est ainsi, par exemple, que le chiromancien dit à une femme âgée de vingt-sept ans – mais d'apparence beaucoup plus jeune- qui avait retiré son alliance, qu'elle finirait par se marier et qu'elle aurait deux enfants à trente-deux ans. Cette femme avait quarante-trois ans lorsque, devenue gravement malade, elle me raconta ce fait dans son analyse ; elle était restée sans enfants. A condition de connaître son histoire intime, qui était certainement restée ignorée du « Professeur » dans le hall de l'hôtel parisien, on pouvait comprendre les deux chiffres de la prophétie. Après avoir porté à son père un attachement d'une intensité peu commune, la jeune fille s'était mariée et avait ardemment désiré avoir des enfants pour pouvoir substituer un mari à son père. Après de longues années de déception, au seuil de la névrose, elle sollicita la prophétie qui lui promettait le destin de sa mère. Pour cette dernière, il était exact qu'elle avait eu deux enfants, à trente-deux-ans. Ainsi, ce n'est qu'avec l'aide de la psychanalyse qu'il fut possible d'interpréter dans toute leur signification les particularités de l'heureuse nouvelle qui émanait d'une source prétendument extérieure. Mais alors, on en pouvait mieux élucider la totalité des faits précisés sans aucune équivoque que par l'hypothèse qu'un fort désir inconscient de la consultante- en réalité, le désir inconscient le plus fort de sa vie affective et le moteur de sa névrose en éclosion- s'était manifesté par un transfert direct au diseur de bonne aventure absorbé par des manipulations de diversion. »

❖ 1925- 10 mai - Lettre de Freud à Binswanger
« Merci beaucoup à vous et à Mme Gi. Je me maintiendrai encore un bon moment ».

❖ 1925 *Inhibition, symptôme, angoisse* (p.34)
« .. ; dans un cas de développement très tardif de cette affection (= la névrose obsessionnelle) , que j'ai pu étudier, il apparut clairement qu'une dévalorisation réelle de la vie génitale, intacte jusque-là, avait été la condition déterminante pour que la régression se fît et que se formât la névrose obsessionnelle ».

❖ 1927 – 1er juin – Lettre de Freud à Oskar Pfister

❖ 1930 – 4 février – Lettre de Pfister à Sigmund Freud

❖ 1932 – « Le rêve et l'occultisme » (*Nouvelles conférences de psychanalyse*)
« Aînée d'une ribambelle de frères et de sœurs, elle avait grandi en éprouvant un très fort attachement pour son père, s'était mariée jeune et avait trouvé pleine satisfaction dans son mariage. Il ne manquait qu'une chose à son bonheur : elle était restée sans enfant et n'avait pu, par conséquent, mettre un mari qu'elle aimait pleinement à la place de son père. Alors qu'après de longues années de vaine attente elle allait se résoudre à une opération gynécologique, son mari lui révéla que c'était à lui qu'incombait la faute, que, par une maladie contractée avant le mariage, il était devenu incapable de procréer des enfants. Elle supporta mal cette déception, devint névrosée et souffrit manifestement d'angoisses de tentation. Pour l'égayer, son mari l'emmena avec lui dans un voyage d'affaires à Paris. Là, comme ils étaient assis un jour dans le hall de leur hôtel, elle remarqua un certain remuement parmi les employés. Elle demanda ce qui se passait et apprit que *Monsieur le Professeur* (en français dans le texte) était arrivé et donnait des consultations dans tel cabinet, là-bas. Elle exprima le désir de faire aussi un essai. Son mari le lui refusa, mais, dans un moment où il ne la surveillait pas, elle se glissa dans la salle de consultation et se trouva en face du diseur de bonne aventure. Elle avait 27 ans, paraissait beaucoup plus jeune et avait enlevé son alliance. *Monsieur le Professeur* lui fit poser la main sur une tasse qui était remplie de centre, étudia soigneusement l'empreinte, lui raconta ensuite toutes sortes de choses concernant les durs combats qu'elle aurait à affronter et termina par l'assurance consolante qu'elle se marierait quand même et qu'à 32 ans, elle aurait deux enfants. Lorsqu'elle me raconta cette histoire elle avait 43 ans, était gravement

24

malade et sans aucune chance d'avoir jamais un enfant. La prophétie ne s'était donc pas accomplie, pourtant elle en parlait sans aucune amertume, mais au contraire avec une expression évidente de satisfaction, comme si elle se rappelait un souvenir réjouissant. Il était facile de constater qu'elle n'avait pas la moindre idée de ce que pouvaient signifier les deux nombres de la prophétie ni même s'ils signifiaient quelque chose.

Vous allez dire que cette histoire est stupide et incompréhensible, et me demander pourquoi je vous l'ai racontée. Je serais tout à fait de votre avis si toutefois- et c'est là le point saillant- l'analyse ne nous avait pas permis une interprétation de cette prophétie, qui produit une effet convaincant précisément parce qu'elle éclaire de détails. Les deux nombres trouvent en effet leur place dans la vie de la mère de ma patiente. Celle-ci s'était mariée tard, à 30 ans passés, et dans la famille on avait souvent relevé qu'elle s'était hâtée de rattraper le temps perdu. Ses deux premiers enfants – à commencer par notre patiente- furent mis au monde dans le plus bref intervalle possible, au cours de la même année, et à 32 ans, elle avait déjà deux enfants. Ce qu'avait dit *Monsieur le Professeur* à ma patiente signifiait donc : « Consolez-vous, vous êtes encore bien jeune. Vous aurez le même destin que votre mère qui a dû attendre longtemps pour avoir des enfants, vous aurez deux enfants à 32 ans ». Or, avoir le même destin que sa mère, se substituer à elle, prendre sa place auprès du père, tel avait été le plus fort désir de sa jeunesse, le désir dont le non - accomplissement commençait maintenant à la rendre malade. La prophétie lui promettait qu'il finirait quand même par s'accomplir ; comment aurait-elle pu ressentir autre chose que de la sympathie à l'égard du prophète ? »

IV. Private psychoanalytische Vereinigung in München

7. und 8. September 1913

PROGRAMM.

7. September, Morgens 8½ Uhr: Eröffnung der Sitzung:

1. Vereinsbericht.
2. Wahl des Zentralvorstandes.
3. Behandlung des Diskussionsthema: **Die Funktion des Traumes.** Referent Dr. A. Maeder. Correferent Dr. O. Rank.

12½ Uhr: Gemeinschaftliches Mittagessen im Hotel Bayrischer Hof.

Nachmittags 3 Uhr: Wiederbeginn der Verhandlungen:

1. **Dr. Tausk:** Die psychologische und pathologische Bedeutung des Narzissismus. Ein Beitrag.
2. **Prof. Dr. S. Freud:** Zum Problem der Neurosenwahl.
3. **Dr. L. Seif:** Zur Symbolbildung.
4. **Prof. Dr. E. Jones:** Die Stellungnahme des Arztes zu den aktuellen Konflikten.
5. **Dr. H. Sachs:** Die Einführung der Pflugkultur im Mythos. Eine vorläufige Mitteilung.
6. **Dr. K. Abraham:** Neurotische Einschränkungen des Schautriebes und Parallelerscheinnngen in der Völkerpsychologie.
7. **Dr. Fr. Riklin:** Der Symbolwert des Sadismus.

Nach der Sitzung zwangiose Vereinigung mit Abendbrot im Hotel Bayrischer Hof.

8. September, Vormittags 8 Uhr: Vorträge von:

1. **Dr. J. B. Lang:** Zur Psychologie der Dementia praecox.
2. **Dr. van Emden:** Zur Analyse eines Falles von angeblicher Epilepsie bei einem Kinde.
3. **Dr. C. G. Jung:** Zur Frage der psychologischen Typen.
4. **Dr. H. Schmid:** Das Hamletproblem.
5. **Dr. P. Bjerre:** Bewusstsein contra Unbewusstsein.
6. **Dr. S. Ferenczi:** Zur Psychologie der Überzeugung.
7. **Prof. Dr. O. Messmer:** Die Wirklichkeitsfunktion als ontologisches Problem.
8. **Dr. van Ophuijsen:** Zur Frage des Sado-Masochismus.
9. **Dr. Mensendiek:** Die prospektive Tendenz des Unbewussten in Wagners ersten Dramen und der Parsifal.
10. **Dr. J. v. Hattingberg:** Zum analerotischen Charakter.

Die Herren Vortragenden werden ersucht, sich an eine Redezeit von ca. 20—25 Minuten zu halten. Wenn es die Zeit erlaubt, so findet nach jedem Vortrag eine kurze Diskussion statt. Für die Herren Votanten kann die Redezeit nur auf 5 Minuten ausgedehnt werden.

Die Verhandlungen finden im Hotel „Bayrischer Hof" statt. Daselbst finden die Kongressteilnehmer auch Unterkunft. Es wird jedoch darauf aufmerksam gemacht, dass jedermann für sich Zimmer zu bestellen hat und zwar sobald wie möglich.

Dieses Programm dient auch von Kongressmitgliedern eingeführten Gästen als Legitimation.

Der Zentralpräsident:

Dr. C. G. Jung.